AUX PRÉSIDENT ET ÉLECTEURS DE PARIS.

ARRÊTÉS

Des Assemblées générales & Comité permanent des Sections du Mail & de 1792. Pétition de cette dernière au Corps Électoral, & observations des Paroissiens de Saint-Augustin.

PEUPLE, éclaires tes Mandataires.

ARRÊTÉS

Des Assemblées générales & Comités permanens des Sections du Mail & de 1792. Pétition de cette dernière au Corps Électoral, & observations des paroissiens de Saint-Augustin.

SECTION DU MAIL.

COMITÉ PERMANENT.

EXTRAIT du procès-verbal de l'assemblée générale du comité permanent de la section du Mail, le 16 avril 1793, l'an II de la république fraçoise, une & indivisible.

LE comité permanent de la section du mail, réuni en assemblée générale, désirant joindre son vœu à celui de plus de trois cents paroissiens de

A

Saint - Auguftin, qui doivent prier le corps électoral de leur donner le citoyen Jean - Eléonord
Leclerc, premier vicaire de Saint-Auguftin, pour
curé de ladite paroiffe, après le décès du citoyen
Morel, arrête qu'avant d'émettre fon vœu particulier, ladite pétition fera préfentée à l'affemblée
générale de la fection, pour favoir fi elle veut
l'appuyer de fes fuffrages; & le citoyen Rouilleau,
chargé de la mettre fous les yeux de l'affemblée,
annonce que la fection du Mail l'a adoptée à l'una-
nimité, & qu'elle la renvoie à fon comité pour
la faire parvenir au corps électoral ; après quoi
le comité, après l'avoir fignée, la remet aux
citoyens Combert & Servois, en les chargeant de
la préfenter au plutôt au corps électoral, & de
faire toutes les démarches néceffaires pour en obte-
nir un heureux fuccès.

Fait au comité, ce 26 avril 1793, l'an II de
la république.

Pour extrait conforme.

T A S S I N, *préfident.*

SERVOIS, *commiffaire faifant
fonctions de fecrétaire.*

SECTION DU MAIL.

EXTRAIT du procès-verbal de l'assemblée générale permanente de la section du Mail, le 16 avril 1793, l'an II de la république, une & indivisible.

LE citoyen Rouilleau, membre & au nom du comité permanent de la section du Mail, fait lecture d'une pétition souscrite par plus de trois cents citoyens domiciliés dans l'étendue de la paroisse Saint-Augustin, à l'effet de demander au corps électoral, qu'il veuille bien leur donner pour curé le citoyen Jean-Eléonord Leclerc, premier vicaire de la susdite paroisse, sur laquelle il est né, & s'est toujours fait connoître par des mœurs irréprochables, les talens & les vertus d'un bon ecclésiastique, & par son civisme, qui ne s'est point rallenti depuis l'époque de notre révolution, & auquel tous ses collègues, vicaires de ladite paroisse, se sont empressés de rendre le témoignage le plus favorable.

L'affemblée générale, après avoir témoigné fes regrets fur la mort du citoyen Morel, curé de Saint-Auguftin, arrête qu'elle fe réunit à la pétition qui lui eft préfentée en faveur du citoyen Leclerc, & qu'extrait de fon procès-verbal fera délivré au comité permanent pour le faire parvenir au corps électoral.

Pour extrait conforme.

TRANCHELAHAUSE *préfident.*

CORDA, *fecrétaire-greffier.*

LE TELLIER, *fecrétaire adjoint.*

ASSEMBLÉE GÉNÉRALE

DE LA SECTION 1792.

EXTRAIT des délibérations de l'affemblée générale & permanente de la fection de 1792, du 24 avril 1793, l'an II de la république françoife.

PRÉSIDENCE du citoyen DE VILLIÈRE.

APPERT que l'affemblée générale a nommé, pour fes commiffaires, les citoyens Hyver & Gérard de Bury, pour ſe tranſporter à la ſection du Mail, pour ſe concerter avec elle ſur la nomination du citoyen abbé Leclerc, à la cure vacante de Saint-Auguſtin , & lui porter le vœu de l'aſſemblée générale ſur cette nomination.

Délivré en l'aſſemblée générale , le 24 avril 1793.

Pour extrait conforme.

LEMELAND , *ſecrétaire.*

ASSEMBLÉE GÉNÉRALE

DE LA SECTION 1792.

EXTRAIT des délibérations de l'aſſemblée générale & permanente de la ſection de 1792, du 24 avril 1793, l'an II de la république françoiſe.

PRÉSIDENCE du citoyen DE VILLIERE.

APPERT que ſur le rapport fait à l'aſſemblée par les citoyens Hyver & Gérard de Bury, commiſſaires nommés pour ſe rendre à la ſection du

A. 3

Mail , lui faire part du vœu de l'assemblée fur la nomination du citoyen abbé Leclerc, à la cure vacante de S aint-Auguftin , & le défir qu'a manifefté la fection du Mail, que la fection de 1792 portât fon vœu au corps électoral, l'affemblée a arrêté qu'il feroit fait une pépition au corps électoral, en faveur du citoyen Leelerc, & a nommé, pour commiffaires à cet effet, les citoyens Anfault-Duvivier & Gérard de Bury.

Délivré en l'affemblée générale , le 24 avril 1793.

Pour extrait conforme.

LEMELAND, *fecrétaire.*

PÉTITION

DE LA SECTION 1792,

AU CORPS ÉLECTORAL,

EN la séance du vendredi 26 avril 1793.

CITOYENS ÉLECTEURS,

MANDATAIRES de la section de 1792, nous venons exprimer son vœu : elle demande que vous veuilliez bien accorder la cure de Saint-Augustin, vacante par le décès du citoyen Morel, au citoyen Leclerc, premier vicaire de cette église.

La section de 1792 occupe la majeure partie du territoire de cette paroisse : la section du Mail,

A 5

fur laquelle l'églife eft bâtie, en fait également une partie confidérable

Vous voyez, citoyens électeurs, que nos vœux, en faveur de ce citoyen, fe rapportent à ceux déjà émis par la fection du Mail ; & vous avez déjà entre les mains la preuve qu'il réunit à-la-fois, outre ceux des autorités conftituées, ceux de la généralité des paroiffiens de tout âge, de tout fexe.

Cependant, au milieu du concours de ces pétitions, le citoyen Leclerc refte tranquille : il ne follicite point ; nous ne le voyons que dans l'exercice de fes fonctions ; il n'affecte point de nous étaler fes qualités perfonnelles, & encore moins chercheroit-il à éblouir nos efprits par des talens étrangers à fon état, ou à exagérer le civifme que nous lui connoiffons, & qui en découle comme de fa fource naturelle. Il faut l'avouer, tous ces petits manéges de l'intrigue lui font inconnus.

Mais ce que nous favons, & ce que nous difons hautement, il connoît l'étendue de fes devoirs, & il les remplit à la fatisfaction de fes paroiffiens. Nous difons hautement qu'il abhorre les principes d'un efclave de Rome ; que fes inftructions populaires, appropriées à la faine morale, font fondées fur le plus pur républicanifme, & qu'il fe réjouit du triomphe abfolu que le culte françois a remporté fur le culte ultramontain.

Citoyens électeurs, c'eft à vous que la loi s'adreffe pour conftruire l'édifice politique de l'état ; nous en fommes tous les matériaux ; la fociété les a taillés, c'eft à vous feul qu'il appartient de les mettre à leur place. L'honneur & la gloire de l'empire françois exige que cet édifice foit impofant & durable ; éloignez-en donc tout ce qui feroit inutile ou défectueux.

Le citoyen Leclerc mérite, par fes talens & fes vertus, de participer à cet édifice. Nous vous atteftons qu'il infpire à fes paroiffiens la pratique des vertus fociales ; fans-ceffe il recommande l'union ; c'eft un des plus fermes appuis de l'indigent, c'eft-à-dire, du véritable fans-culotte, & l'un des amis les plus fincères de l'ordre public. Pourrions-nous dans le fein de cette paroiffe, n'en pas recueillir les fruits, puifqu'il réunit le précepte à l'exemple.

C'eft donc, citoyens électeurs, pour éclairer votre choix que la fection de 1792, d'accord avec celle du Mail, vient ici, par notre organe, vous parler en faveur du citoyen Leclerc ; vous lirez le même défir dans le cœur de tous les paroissiens de Saint - Augustin. Nos témoignages ne seront pas vains, sur-tout si vous considérez de quelle importance il est que le chef d'une société populaire & réligieuse ait la confiance de ceux qui la composent. Les rapports y sont-ils intimes ? la paix & l'union y régneront ; s'il ne le sont pas, ce n'est plus que désordre & confusion ; adieu le bonheur qui est le but de toute société.

Nous n'aurons point ces hasards à courir : toute difficulté seroit ici applanie. La vertu, la candeur, les talens & les bonnes mœurs qui caractérisent essentiellement le citoyen Leclerc, lui ont ouvert tous les cœurs des paroissiens de Saint-Augustin, & nous ne doutons-pas qu'après l'expression de nos vœux aussi solemnellement prononcés, ceux que l'amour du bien public auroit mis au nombre de ses concurrens, ne vous sollicitent eux - mêmes à accorder au citoyen Leclerc la place de curé de Saint-Augustin, que des autorités constituées & tous les paroissiens demandent pour lui.

Tel est en particulier le vœu & la demande de la section de 1792.

ANSAULT – DUVIVIER &

GÉRARD DE BURY, *commissaires*.

OBSERVATIONS

DES PAROISSIENS

DE SAINT-AUGUSTIN.

Citoyens Électeurs,

LA majeure partie des paroissiens de Saint-Augustin, jointe aux autorités constituées qu'elle renferme plus spécialement dans son sein, vous ont désigné le citoyen Leclerc pour remplir la cure de Saint-Augustin, vacante par le décès du citoyen Morel ; il en est le premier vicaire ; il ne vous sollicite point, mais ses excellentes qualités nous sollicitent à vous la demander pour lui.

Nous avons été informés que l'on opposeroit à ce choix deux difficultés principales : l'une que le vœu des paroissiens n'est que le fruit de l'intrigue, & par conséquent que la liste nombreuse des signataires de la pétition, doit être rejettée.

L'autre, que ce candidat ne pourroit être mis en concurrence avec les prêtres mariés.

En vous soumettant les listes originales des paroissiens qui les ont signées, il vous sera aisé de juger que la désignation qu'ils font de la personne du citoyen Leclerc est d'accord avec leur vœux ; qu'elle ne leur est point suggérée, & qu'ils y persistent. Cette première difficulté applanie, nous allons passer à la seconde.

Où en serions-nous, je vous prie, si le mariage étoit la mesure exclusive de votre choix? nos tribunaux ont besoin de juges intègres, le culte divin de pasteurs sages & éclairés; nos départemens & nos districts de collaborateurs sages, intelligens, laborieux ; le corps législatif, de françois inébranlables dans les principes de notre gouvernement. Or, je vous le demande, les qualités spécifiques à ces places sont-elles devenues tout-à-coup les prérogatives du mariage? Il y auroit de l'absurdité à le penser. Le vrai candidat est celui qui, aux yeux de ses concitoyens, excelle dans la place qui est à remplir. A quelque fonction qu'il soit appelé, la loi ne prononce contre le célibataire aucune interdiction, s'il a d'ailleurs toutes les

qualités requifes à un bon citoyen, véritable fans-
culotte.

Sans doute, le mariage eft recommandable dans
un état républicain : nous aimons tous à profeffer
cette doctrine ; nous aimons à nous perfuader qu'il
guérit des vices qui affiégent le célibat, fans cependant trop nous flatter de fes fuccès ; mais comme
il n'exifte point de loi qui éloigne d'une place
publique un candidat célibataire, fur-tout au mo-
ment où il y eft appelé, ce feroit un acte de
defpotifme intolérable dans un état républicain, de
punir un candidat de n'avoir pas alors rempli une
condition que la loi n'auroit pas prefcrite.

Vous vous bornerez donc, citoyens électeurs, à
remplir le vœu de la loi fur les élections. Les
paroiffiens de Saint-Auguftin, qui connoiffent les
excellentes qualités du citoyen Leclerc, font les
plus intéreffés à ne pas s'égarer fur fon choix ; ils
vous l'ont défigné comme très-propre à remplir la
cure de cette paroiffe ; pourriez-vous vous refufer
à leurs vœux ? Oui, vous ferez les premiers à
écarter tout candidat qui, pour parvenir à éloigner
fes concurrens, fe hâteroit de contracter mariage.
Si cet état importe au bonheur d'une république,
il nous importe auffi beaucoup de favoir fi les devoirs facrés en font remplis. La fociété entière
nous offre beaucoup de mariages : examinez quels

en font les réfultats. Ne nous préverons donc pas fi vîte en faveur de ceux qui s'y précipitent, attendons au moins que le temps & l'expérience nous faffent voir en ceux qui follicitent des places, furtout de la nature de celles dont il s'agit, qu'ils s'en font rendus dignes, en rempliffant les devoirs facrés d'époux & de pères. Quelle feroit en effet la honte & l'humiliation de toute une paroiffe, fi l'époux - pafteur, ou l'époufe qu'il auroit choifie dans un temps encore voifin de fon élection, venoient à fcandalifer les paroiffiens par leurs déportemens. Vous péferez donc dans votre fageffe le temps d'épreuve qu'il feroit convenable d'impofer à des candidats nouvellement mariés, & vous folliciterez une loi qui le limite ; mais, en exécutant celle qui exifte, ne balancez pas à agréer le citoyen Leclerc, qui réunit les vœux de la paroiffe de Saint-Auguftin.

REGNIER, *marchand, rue S. Honoré, n°.* 1356. GOURGUECHON, *rue Montmartre, n°.* 130. A. PECHEVIN, *rue du paffage des Petits-Pères, n°.* 4. NIVARD, *Cour des Fontaines, maifon Egalité, n°.* 1105. LUCAS, *rue Montmartre, n°.* 114. HIBERT, *rue Montmartre, n°.* 110.

De l'Imprimerie de L. POTIER DE LILLE, rue Favart, n°. 5. 1793.